PIERRE PELOT

LA PRÉHISTOIRE

RACONTÉE AUX ENFANTS

De La Martinière
Jeunesse

Sommaire

IL ÉTAIT UNE FOIS...

(- 7 MILLIONS À – 3 MILLIONS D'ANNÉES)

PRÉ–PALÉOLITHIQUE

Australopithèques - Hominidés essentiellement arboricoles.

(- 3 MILLIONS À – 10 000 ANS)

PALÉOLITHIQUE

Âge culturel de l'Oldowayen, de - 3 millions à - 1,6 million d'années.

Premiers outils. Peuplement de la terre par *Homo rudolfensis, Homo habilis, Homo ergaster...*

Les hommes sont chasseurs-cueilleurs.

Acheuléen de - 1,7 million d'années à - 100 000 ans.

Premières traces du feu maîtrisé en France il y a 400 000 ans.

Moustérien de - 100 000 à - 30 000 ans.

Prise de conscience de la mort. Premières sépultures. *Homo sapiens* et *Homo neanderthalensis* occupent la terre.

Aurignacien : - 24 000 ans.

De l'artisanat à l'art. Premières sculptures. Peintures rupestres.

Peuples et vie en collectivité.

(- 9 500 À – 6 500 ANS)

MÉSOLITHIQUE

L'homme est *Sapiens sapiens*.
Diminution de la vie nomade, les hommes occupent des territoires donnés.
Culture de la terre.

(- 6 500 À – 3 950 ANS)

NÉOLITHIQUE

Premiers villages.
Élevage et domestication des bêtes.
Polissage de la pierre.
Nouvelles armes : arc et flèches.
Apparition de la vaisselle.
Habillement et tissage.
Les hommes à travers le monde.
Hausse de la natalité, essor démographique.

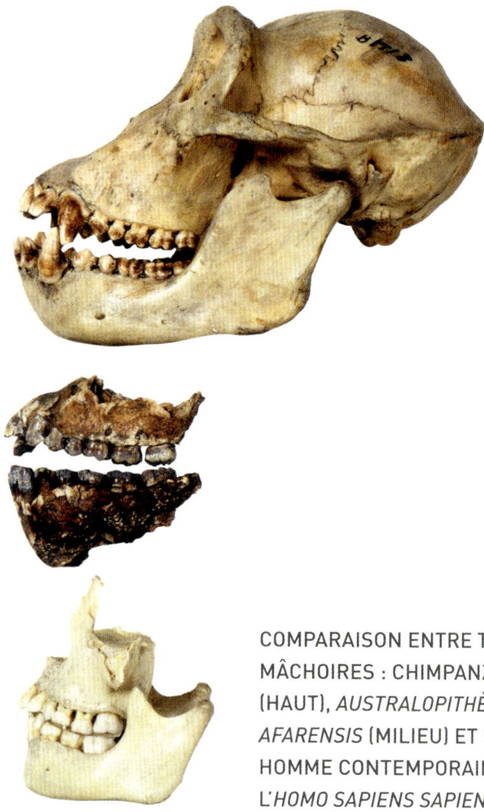

COMPARAISON ENTRE TROIS MÂCHOIRES : CHIMPANZÉ (HAUT), *AUSTRALOPITHÈQUE AFARENSIS* (MILIEU) ET UN HOMME CONTEMPORAIN, L'*HOMO SAPIENS SAPIENS.*

Premiers humains

TRACES DE PAS TROUVÉES À LAETOLI EN 1978. ON Y VOIT CELLES D'UN ADULTE ET CELLES D'UN ENFANT QUI MARCHE DANS SES PAS. C'EST LE PLUS ANCIEN TÉMOIGNAGE DE LA BIPÉDIE.

Il y a 7 millions d'années, à la source du genre humain, apparaissent les premiers hominidés.

Venus d'ancêtres mammifères primates, au fil de quelques millions d'années avant eux, étaient des singes.

Sur ces chemins de l'évolution, voici ceux que l'on nommera australopithèques, dont on a retrouvé les os fossiles en Afrique australe. *Australopithèque* : du latin *australis*, « du sud », et du grec ancien signifiant « singe ». Ils sont nés en Afrique.

Issus des pré-australopithèques d'il y a 7 à 6 millions d'années, on nommera ceux-là *Australopithecus africanus*, ou encore *anamensis*. Et puis voici les *Australopithecus afarensis*, la famille de notre très ancestrale « tante Lucy ». Ces hominidés vivent essentiellement dans les arbres. Ils se nourrissent de fruits, de feuilles, de plantes, d'insectes et de petits animaux. Ils pratiquent sans doute le charognage. Ils se déplacent au sol sur leurs quatre membres, courbés à la manière des singes dont ils sont encore les héritiers marqués.

Après l'apparition de la faille gigantesque qui tranche la forêt africaine et le changement climatique en résultant, les australopithèques peuplant le côté de la faille transformé en savane évoluent vers la bipédie. Les hommes sont debout !

L'australopithèque afarensis est l'un des premiers humains. Il fait partie de la même famille que Lucy, le premier fossile presque complet découvert par les paléontologues.

L'HORIZON DES AUTRES

Elle avait bu et se redressa, accroupie. Son regard filait à hauteur des herbes coupantes, dont on ne mange que la partie enfouie dans la boue. C'est alors que leur présence vint jusqu'à ses narines, et un peu plus tard elle les vit pour la première fois. Les autres.

Debout, figée. Un frisson courut le long de son dos, les muscles vibrant sous les poils roussâtres. Jamais elle n'avait vu un aussi grand nombre de semblables ensemble. Ils se trouvaient beaucoup trop éloignés pour qu'elle puisse les distinguer nettement. Mais l'odeur de leur présence était venue jusqu'à elle, portée par l'haleine chaude du vent.

Ils étaient debout. Comme elle. Elle ne pensait pas à fuir. À aucun moment elle n'eut peur de ces autres qui venaient d'apparaître sur la rive opposée de la rivière. La peur viendrait plus tard, quand elle s'interrogerait, sans trouver de réponse, essayant de comprendre d'où ils venaient. De quel endroit derrière les montagnes qui soutiennent le ciel...

Quand elle comprendrait, dans un vertige, qu'on pouvait donc franchir ces montagnes et que derrière le ciel continuait.

Les *Homo ergaster* furent parmi les premiers à utiliser des outils. Ils sont apparus il y a environ 1,9 million d'années en Afrique.

Premiers outils

DÉCOUVERTES DANS LES GORGES D'ODULVAI, CES PIERRES SONT LES PLUS ANCIENS OUTILS RETROUVÉS PAR LES ARCHÉOLOGUES. ILS ONT ÉTÉ FABRIQUÉS IL Y A ENVIRON 1,85 MILLION D'ANNÉES.

HOMO HABILIS, UN ANCÊTRE DE L'HUMAIN MODERNE.

L'homme est habile. On le dira *Homo habilis*. C'est à la lignée *Homo habilis* que l'on doit les premiers outils. Si certains d'entre eux furent probablement des morceaux de branches coupées et taillées, ils n'ont pas laissé de traces, car le bois retourne à la poussière, avec le temps.

Des éclats de galets - les choppers - sont les plus lointaines attestations de cet outillage fabriqué par la main de l'homme, trouvés dans les gorges d'Odulvai, en Tanzanie.

Cette première « industrie » spécifique va perdurer de - 3 millions d'années à - 1,6 million d'années. En ces temps, *Homo rudolfensis, Homo habilis, Homo ergaster*, représentants de l'espèce humaine, peuplent, seuls, une partie de la terre.

La taille de ces galets n'est pas aussi aisée qu'il pourrait y paraître à première vue. Il ne s'agit pas de casser des cailloux au hasard. Une suite de plusieurs gestes pensés bien définis est nécessaire au détachement efficace des éclats. Il faut de l'intelligence et du savoir-faire pour mener à bien l'opération. Les frappes sont portées selon un angle particulier, une force précise, et produisent les éclats voulus, qui taillent, coupent, ou se plantent.

Autant d'intelligence, sinon davantage, qu'il en faut aujourd'hui pour adresser un SMS à son voisin...

La chasse est l'un des moments forts de la vie des hommes préhistoriques. Ici des *Homo heidelbergensis* tuent un éléphant.

CET HOMME ARMÉ EST PRÊT POUR LA CHASSE.

Chasser et cueillir

Le façonnage des outils de pierres taillées, éclatées, polies, est essentiellement destiné à la chasse. *Homo erectus, Homo heidelbergensis, Homo antecessor*... ils sont principalement chasseurs et cueilleurs, vont évoluer en corps et en esprit suivant ce mode de vie durant des milliers d'années. Cet humain se nourrit de la viande des animaux qu'il tue, piège et dispute à d'autres prédateurs, quand il ne s'attaque pas à ces prédateurs eux-mêmes, principalement des grands félins. Dans les rivières, il piège et il harponne.

Ses armes sont des lames, des pointes de flèches et de javelines* ; ses pierres utiles, des racloirs* pour le façonnage des peaux.

Il apprend à reconnaître et différencier les fruits et les baies comestibles de ceux qui sont cause de douleurs et de mort.

L'homme est aussi charognard et s'attribue les proies d'autres chasseurs animaux. Il saura conserver certaines viandes par le froid naturel de l'enfouissement. La nature environnante le nourrit et subvient à ses besoins. Chasse, pêche et cueillette, au fil du temps, assurent pleinement son existence en évolution.

*Javelines : petites armes de jet, hampes munies d'une pointe.
*Racloir : éclat de pierre en lame destinée à racler, écharner, la graisse d'une dépouille.

HOMO ERECTUS EST CHASSEUR, SES ARMES SONT ENCORE RUDIMENTAIRES.

LES JAVELINES DEVIENDRONT PLUS EFFICACES GRÂCE AU PROPULSEUR.

L'invention du propulseur

TOUJOURS AUX AGUETS, LES HOMMES NE S'ÉLOIGNENT PAS DE LEURS ARMES.

Entre -35 000 et – 25 000 ans, les hommes venus d'Afrique sont maintenant disséminés sur un vaste secteur de la planète. Notamment dans les régions moyen-orientales et en Europe. Ils sont *Sapiens*, *Homo neanderthalensis*, *Homo sapiens*. Chasseurs encore, et capables d'améliorations notoires dans leurs techniques de chasse, adaptées aux armes qui désormais leur permettent de s'attaquer à de gros animaux. Les bisons, rennes, aurochs, les fauves puissants et agiles sont leurs proies.

Le propulseur est une de ces armes évoluées qui décuple la force d'une sagaie, accentue sa précision. Il augmente considérablement la force du bras lanceur.

C'est un bâton que l'on tient à une extrémité, muni d'une entaille en crochet à l'autre, dans lequel s'encoche le talon d'une javeline. La longueur de ce trait à lancer peut atteindre 2,5 m et plus. La pointe est de pierre, d'os, ou encore durcie au feu. Le talon, au fil des améliorations, sera garni d'un empennage, comme pour une flèche, assurant la rectitude de sa course.

Muni d'une telle arme, le chasseur peut atteindre et tuer de grosses proies à des distances considérablement allongées.

La chasse à l'ours est dangereuse. Grâce au propulseur,
les attaques menées par les hommes seront plus efficaces.

Il faut sans cesse alimenter le feu pour éviter qu'il s'éteigne. Pendant que certains vont à la chasse, d'autres s'occupent de veiller sur ce nouvel allié.

Le feu domestiqué

L'ÉTINCELLE D'OÙ NAÎTRA LE FEU APPARAÎT QUAND ON FROTTE DEUX SILEX L'UN CONTRE L'AUTRE.

Une étincelle, une petite étincelle. De cette petite étincelle domestiquée jaillira cet élan qui va entraîner l'évolution humaine vers des sommets de plus en plus hauts.

Le feu, bien sûr que les hommes savent ce que c'est. Ils le connaissent depuis longtemps. Eux, et les parents de leurs parents, et les parents d'avant... Le feu, ils l'ont vu à l'œuvre, en liberté. En premier lieu ils le craignent, il fuse de la même source terrifiante que les grondements des orages et les éclairs déchirants qui le propagent au sol parmi les herbes.

C'est *Erectus* qui capture cette étrange bête vive et mordante qu'est le feu. Lui et ses descendants, au cours de centaines de milliers d'années d'apprivoisement, vont le domestiquer, jusqu'à en faire un allié contre le froid, la peur, repoussant également au cœur de la nuit les fauves rôdeurs affamés. Un allié pour le façonnage d'armes dures et d'outils dans la pierre et le bois. Un allié pour découvrir enfin et peut-être surtout la cuisson. Avec tout ce que cela peut changer et apporter en plus dans l'alimentation, au-delà du mode essentiellement cru...

Le feu, d'abord capturé aux incendies naturels, puis produit par friction de deux morceaux de bois, par une étincelle de pyrite tombée d'un choc de silex sur une mousse sèche. Le feu, terrible et meilleur ami de l'homme.

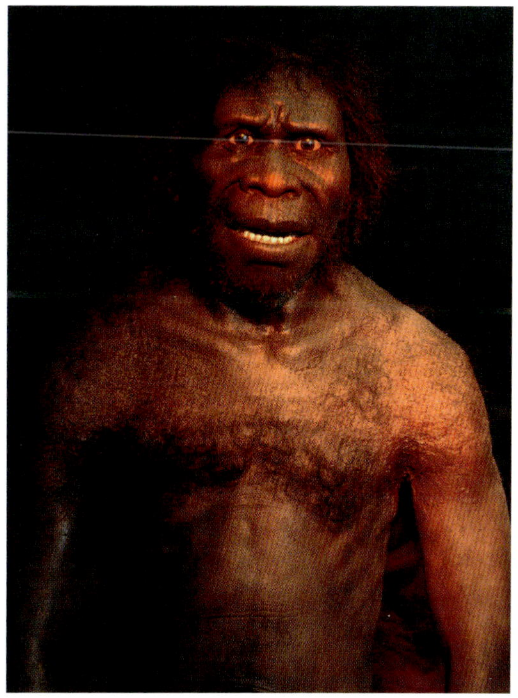

LE FEU A LONGTEMPS FASCINÉ LES HOMMES AVANT QU'ILS L'APPRIVOISENT. C'EST *ERECTUS* QUI LE PREMIER PARVIENT À « LE CAPTURER ».

LE VEILLEUR DU FEU

À la pointe du jour, Buhxa n'avait pas quitté l'abri sous les pierres, avant que se taise tout à fait la voix grondeuse dans le ciel. On le devinait dans la pénombre de la grotte, agenouillé, penché sur la coque de fruit dure qui contenait le nid de braises protégées, recueillies au dernier feu allumé avec les bâtons frottés. Il soufflait doucement, entre ses mains réunies, sur les petits yeux brillants du feu lové dans la mousse.

Sheïan s'approcha, à quatre pattes, retenant son propre souffle, et regarda Buhxa saisir des brindilles et des fragments de feuilles sèches, de fines racines entortillées, qu'il déposait précautionneusement sur la braise. Puis Buhxa souffla avec juste ce qu'il fallait de force, à peine plus qu'une respiration et arrangea les branchettes et le fragment de feuille avec toute la délicatesse requise pour ne pas fermer les paupières mi-closes du feu. Le filet de fumée se fit visible, entre les doigts de Buhxa, avec des crépitements montant du fond de la coque réceptacle. Il émit un bruit de gorge satisfait, se redressa et glissa enfin un regard en direction de Sheïan par-dessus son épaule, à quoi Sheïan répondit par une expiration soulagée.

En prenant conscience de la mort, les hommes inventent un rite qui traversera les ères : l'enterrement.

RECONSTRUCTION D'UNE SCÈNE DE L'ÉPOQUE DES HOMMES DE NEANDERTAL. LES SOINS APPORTÉS AUX MOURANTS NE NOUS SONT PAS INCONNUS.

Prise de conscience de la mort

Homo sapiens, homme de Neandertal... Déjà *Sapiens sapiens* (signifiant « qui sait qu'il sait ») devine qu'il peut savoir. Et ce pressentiment depuis longtemps ressenti l'a fait progresser au fil du temps, accompagné fidèlement par la curiosité.

Il sait qu'il vit. Mais donc aussi qu'il va mourir. Qu'à un moment, pour toutes sortes de raisons possibles inconnues, ce qui bat dans sa poitrine cessera de battre, ce qui souffle cessera de souffler, ce qui le fait marcher cessera de faire bouger ses jambes. Il sait cela. Qu'il deviendra pareil au gibier tombé saignant sous la flèche ou la sagaie. Mais il ne sait pas qui est cet invisible compagnon de chacun, sous la peau de son corps. S'il se doute de sa présence intérieure, il ne sait pas où ira cette amicale présence, une fois son souffle éteint.

Sans doute y aura-t-il un chemin à suivre, après. Il le suppose, le crée, l'invente. Comme il a su produire des outils, il façonne des rites et des règles à suivre qui lui donneront la force, des usages à respecter pour ne pas se perdre au cours de la marche dans la nuit. Où que cette marche le conduise. Il enfouit les corps *morts* dans la terre. Garnit la tombe de fleurs et d'objets, pour accompagner le défunt sur le chemin à parcourir dans l'ailleurs invisible et inconnu.

Sapiens sapiens sait qu'il sait et ne cesse de vouloir savoir davantage, au-delà de l'au-delà...

RECONSTITUTION D'UNE TOMBE DE L'HOMME DE NEANDERTAL (*HOMO SAPIENS NEANDERTHALENSIS*) À LA CHAPELLE-AUX-SAINTS, FRANCE.

APRÈS LE DERNIER SOUFFLE

Ils trouvèrent la petite gazelle *neh-xkigli* sur le revers d'une dune. Elle ne montrait pas de marques de coups, pas de sang sur son pelage de miel. Ses grands yeux sombres étaient ouverts et voilés, ses longues pattes aux ongles noirs repliées sous elle. Ses cornes commençaient à peine de percer. Elle était venue jusque-là et s'était affaissée… Des mouches volaient au-dessus d'elle, des fourmis couraient sur ses yeux, et dessous, dans les sombres coulées de larmes sèches.

Et devant sa bouche, sous ses narines ternes, il y avait le léger creux à peine marqué dans le sable laissé par son dernier souffle.

Moh'hr s'agenouilla devant la petite *neh-xkigli* qu'aucune autre bête n'avait touchée ni frappée, qui avait marché jusque-là et qui était tombée. Il regardait surtout le petit creux dans le sable sous les narines. Des images se pressaient en lui mais ne parvenaient pas à sortir, elles poussaient derrière ses yeux, elles s'effondraient et tournoyaient dans son ventre. Il restait seul au monde, à côté de la bête inerte, quittée, et ne pouvait détourner ses yeux humides de la trace douce posée pour un grand repos sous les narines parcourues de fourmis.

◀ Pendant longtemps les hommes n'ont utilisé la pierre que pour fabriquer armes et outils. Peu à peu elle va devenir une œuvre d'art.

LES PIERRES SERVENT À COUPER, POLIR OU TROUER.

La création évolue, du pratique au beau

Les genres humains qui se succèdent et poussent leurs branches sur l'arbre de l'évolution, jusqu'à ceux que l'on nommera *Cro-Magnon*, *Homo sapiens*, *Homo neanderthalensis*, produisent des outils qu'ils tirent de la matière brute. Des outils qu'ils inventent, perfectionnent, et adaptent à des emplois spécifiques : des couteaux et des haches pour tailler et couper, des grattoirs et racloirs pour polir, des poinçons pour trouer, des aiguilles pour coudre. Cette fabrication résulte d'un raisonnement ajusté à un résultat pratique.

Puis cela change. Des objets apparaissent, qui ne sont pas destinés à une fonction purement domestique. Ils tendent vers le beau, ayant cette particularité unique de mettre en forme l'expression des émotions humaines. Ainsi se manifeste l'art, exprimé dans l'artisanat et traduisant un besoin essentiel.

Voici les premières sculptures écloses de la pierre et de la terre pétrie, les premiers dessins et peintures de l'environnement animal, mais aussi des figures abstraites, des silhouettes humaines, ornant de leur mystère les vertiges noirs des cavernes. Voici les premières pierres *belles* intouchées parmi d'autres que l'on éclate en pointes, les premiers coquillages percés en ornements. Certainement aussi les premières scarifications et peintures corporelles qui vont informer sur l'appartenance des individus à un groupe.

L'ORNEMENT EST AUSSI CORPOREL, LES PIGMENTS NOIRS SERVENT À TEINDRE LE CORPS ET LES COQUILLAGES ORNENT LES COLLIERS.

LA FEMME SOUS L'ÉCORCE

Dohuka avait longuement hésité. Le besoin de tailler le morceau de bois gris poli par les vagues s'opposait à la crainte de gâcher la perception de beauté qu'il éprouvait quand il regardait et palpait le bout de racine. Il y avait dans la forme douce, les creux et rondeurs du bois, une présence qui, aux yeux de Dohuka, rappelait Aruach. Comme si la jeune femme s'était trouvée enfermée et réduite à cette taille qu'il tenait dans sa main. Les courbes du bois évoquaient ses cuisses, ses fesses, le creux de son dos, et les protubérances rondes de sa poitrine. Non seulement son corps mais aussi son rire et la lumière dans ses yeux. Il voyait dans ce morceau de bois inerte sa démarche souple. Et cette façon qu'elle avait si particulière de s'asseoir dans les rochers et de peigner ses cheveux en regardant rouler la grande eau pendant de si longs moments.

Aruach tout entière cachée dans un morceau de bois tombé d'un arbre vieux et usé par le sable et les vagues.

Il n'avait pas tout à fait repoussé la peur. Mais il s'était décidé. Ce jour-là, Dohuka creusa les premières encoches, après avoir taillé puis façonné lui-même l'éclat de pierre qui n'aurait pas d'autre utilisation. Ses doigts ne tremblaient pas.

Une des peintures de la grotte de Lascaux en Dordogne.
Elle est désormais fermée au public suite à la moisissure qui attaque les parois et détériore les œuvres.

TAUREAUX PEINTS DANS UNE GROTTE PRÉHISTORIQUE.

Peintures rupestres

Ce ne sont pas uniquement des ornements de grottes… Leurs auteurs ne sont pas seulement de besogneux décorateurs. Ni même des chasseurs au repos dressant leurs inventaires. Une tentative de communication est là, avec les sujets représentés, et avec ceux qui seront témoins de la représentation, sans doute aussi. Les scènes qui mettent en images des séquences de chasse existent, mais sont rares. Les animaux représentés sont majestueusement vivants. Le regard que nous leur portons comme la main qui les a représentés sont chargés d'un même respect.

Sur les murs des grandes salles de pierre, les artistes utilisent la mouvante caresse des ombres sur les rugosités du roc, pour faire défiler et galoper des chevaux en hardes noires, à grands traits de charbon de bois,t d'ocre et de craie, tracés d'un geste incroyablement sûr, gravés à la pierre dure. La perspective et la profondeur sont là, s'extirpant de la pierre dans l'éclairage chiche, de même qu'il l'était au moment de la création – la fumée de torches en plus. Il faut compter avec le peu de recul qu'avaient les créateurs pour tracer ces lignes impeccablement précises, fluides et justes.

Chevaux, bisons, aurochs, panthères, lions, ours… Une faune défile sur la roche, formant une guirlande dans un langage encore à entendre et comprendre. Des signes abstraits méthodiquement déployés tracent une symbolique hors d'atteinte.

Des mains d'ocre ouvertes pénètrent le roc, des mains blanches en surgissent et se tendent vers nous.

PEINTURE RUPESTRE REPRÉSENTANT UNE DANSE.

CELUI QUI PARLAIT SUR LA ROCHE

Tout autour, les signes peints tracés sur la noire peau de la roche qui s'interposait entre le monde visible des hommes et celui de « derrière les choses » où vivent les esprits cachés. Des couleurs et des traits. Les formes tirées de la pierre étaient apparues sur ce bord du monde à la vue de tous, pour tous. La petite flamme éclairante brûlant dans la graisse de la coupelle que tenait Doh ne révélait qu'une partie des signes et des représentations. Doh baissa la lampe : la troupe de *uggi-ham* à crinière retourna aux ténèbres de la roche.

Il était venu une première fois, puis d'autres, après avoir rencontré dans la vallée les grands chevaux, et c'était sa main qui avait marqué ici leur venue, laissant le signe qui les invitait à revenir encore. Il plia les genoux, déposa la coupelle dans le renfoncement de la paroi, à une longueur de bras. Il plaça derrière lui les petits paquets contenant la terre rouge, les morceaux de bois brûlé et la graisse. Il se tenait agenouillé, le cœur battant, le regard fixe, droit devant, sur le renflement perceptible de la roche éclairée.

Il attendait que la paroi s'ouvre, laissant passer cette vision qui révélerait ce que cachait la roche entre les mondes : un tourbillon d'où viendraient les gens et les bêtes qui vivaient de l'autre côté, jusqu'ici. Il attendait d'entendre leur paroles annonçant leur venue, et, quand il les percevrait, il en ferait la représentation avec des traits noirs et rouges, de ce côté-ci de la roche.

◀ Les hommes se sont rassemblés en groupes, ils partagent les tâches dans la société qu'ils ont créée. Désormais ils ne vivront plus jamais seuls.

Peuples et vie en collectivité

Le plus terrible danger à affronter pour l'homme n'est pas l'orage qui fracasse incompréhensiblement le monde au-dessus de sa tête, ni le tigre aux dents de sabre. C'est la solitude. La solitude signifie une espérance de vie fatalement très écourtée, trop de dangers à surmonter sans l'aide des autres, fatalement l'absence de descendance, car fatalement la mort et la disparition.

Pour repousser l'échéance d'une vieillesse naturelle, ils se sont mis en groupes. Un couple et ses enfants, un groupe s'unissant à un autre, et les enfants des enfants. Unis, rassemblés, leurs forces mises en commun pour se défendre des prédateurs, vaincre les peurs de ce qui ne se comprend ni ne se maîtrise. Unis pour chasser, se protéger du froid, affronter les dangers inhérents à la vie sur cette terre, les attaques de prédateurs en meutes, les blessures, les faiblesses et les fatigues qui endorment.

Ils marchent. Ils suivent les gibiers selon des cycles saisonniers. Ils chassent, ils se fournissent en nourriture qui permet leur subsistance. Ils sont en commun. Ils avancent, ils quittent des terres connues que le gibier déserte ou que les climats perturbent pour aller plus loin. Ils franchissent des montagnes, leur curiosité commune les ayant poussés à aller voir ce qu'elles cachaient. Ils traversent des fleuves et des déserts.

Ils sont des groupes forts et distincts qui partagent un langage, des croyances, des espoirs et des regards sur le lendemain. Ils sont, cimentés entre groupes par ces croyances unifiées, des peuples en devenir.

CHACUN JOUE UN RÔLE DANS LA COMMUNAUTÉ.

Décroissance de la vie nomade

CRÂNE DE CERF DATANT DU MÉSOLITHIQUE. L'ABONDANCE DE CE TYPE DE GIBIER A PERMIS À L'HOMME DE CESSER SES LONGUES MIGRATIONS À LA RECHERCHE DE NOURRITURE.

LES LENTILLES ET LES POIS SONT LA BASE DE L'ALIMENTATION.

Les hommes en bandes sont nomades. Ces hordes sont plus ou moins importantes, réunissant un nombre de familles plus ou moins grand, dont les membres sont plus ou moins nombreux. Le langage, les mœurs, des règles de vie communément suivies, lient ces groupes pour en faire des clans, des tribus progressivement structurées selon des modes établis reconnus par tous. Les tribus atteignant un certain niveau démographique s'obligent à la division. Elles sont nomades, suivent les pistes, au fil des saisons, des migrations du gibier.

En différents endroits du monde où ces groupes se trouvent, cette migration saisonnière et traditionnelle ne s'avère plus obligatoire.

Un climat sans assauts de grands froids ne forcera plus les hommes, comme les animaux, à fuir vers des contrées plus hospitalières. Les plantes, fruits et céréales sauvages tels les lentilles, les pois, poussent à profusion. De nouvelles sortes de gibiers ongulés, en abondance, sont faciles à chasser.

Ici, les clans des hommes installent et construisent des campements qui durent.

Leur vie, de génération en génération, s'écoulera sous le même horizon et sur un territoire déterminé, adapté progressivement à cette forme de vie sédentaire.

Des animaux faciles à chasser font le bonheur des hommes. L'environnement proche leur donne largement de quoi se nourrir, ils n'ont plus besoin de se déplacer au fil des saisons.

◀ Sur cette pierre, on voit un homme labourer, sa charrue est tirée par un animal. Une méthode qu'on continue d'utiliser.

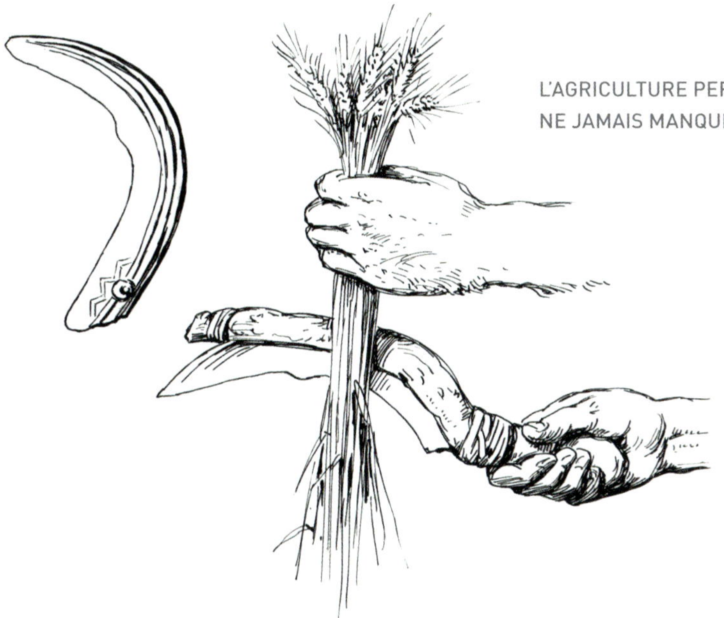

L'AGRICULTURE PERMET AUX HOMMES DE NE JAMAIS MANQUER DE NOURRITURE.

La terre qui nourrit

Ainsi, certains peuples arrivés de loin, au terme de grands voyages, vivent depuis longtemps sur ces terres, terres où leurs pères, les pères de leurs pères se sont installés pour n'en plus partir. Voyageurs immobiles, ils restent sur place et ne suivent plus que le cycle des saisons. Ils connaissent cette terre-là, ces montagnes, ces vallées et collines, ces étendues boisées ou herbues. Ils y cueillent depuis longtemps une partie de leur nourriture.

Probablement pour la première fois, dans un territoire de soleil qui sera dénommé bien plus tard le Croissant, la Mésopotamie et le Levant, au Moyen et Proche-Orient, ceux qui vivent là, pour avoir observé la floraison et la germination des épis, se sont mis à les protéger dans leur croissance, afin que la plante devienne plus grande, plus forte, plus facile à cueillir, plus grasse à manger. Ils en suivront le cycle, de la graine tombée à sa pousse minuscule, sa croissance. Ils en choisiront les belles et bonnes graines, les plus fortes, pour les planter de leurs mains dans la terre préparée, plutôt que simplement les regarder choir au sol en attendant une pousse aléatoire.

L'engrain sera une des premières céréales ainsi domestiquée, élevée, nourrie, presque éduquée, avec considération. Cultivée. Avec ces épis épanouis, c'est ce qui vient de naître. La culture.

DÉJÀ APPARAÎT LE MOULIN À GRAIN.

Au bord d'un lac, un village se construit. Grâce à la pêche, les hommes pourront rester là tout au long de l'année. Les maisons sont plus solides, elles doivent désormais durer.

Premiers villages

SUR L'ÎLE DE FILICUDI, ON PEUT ENCORE VOIR LES FONDATIONS DE DEUX VILLAGES NÉOLITHIQUES.

Les hommes qui trouvent une riche nourriture à proximité de leur camp n'éprouvent plus l'envie, ni l'obligation, de le quitter. Ils vont au contraire rendre ce campement le plus pratique et confortable possible. Le plus solide, aussi, afin qu'il dure dans le temps.

Les abris faits de peaux sur armatures de perches, de branches entrelacées, font place à des habitats construits avec des matériaux que produisent les lieux : des pierres, de la terre, des troncs d'arbres. Des maisons se dressent, groupées les unes à côté des autres. Elles sont de tailles diverses, certaines « grandes maisons » communes pouvant atteindre plusieurs dizaines de mètres de long, abritant plusieurs familles rapprochées. Ainsi se forment des villages, destinés à durer et à accueillir plusieurs générations d'occupants. Ils se sont installés dans des endroits protégés et rendant la vie plus facile, des endroits où le gibier, nombreux, trouve sa nourriture en grande suffisance. Où les plantes croissent profusément... Où les premières tentatives de cultures domestiquées de graines ont pu réussir.

Bientôt, certains de ces villages s'entoureront de barrières protectrices...

RETOUR À LA RIVIÈRE DES HERBES VERTES

Les autres hommes rencontrés au cours des saisons de ses marches l'avaient appelé « Celui de la rivière des eaux d'herbes vertes » Appuyé sur son bâton, il fit une pause et regarda ce qui avait changé sur la rive, entre le blanc reflet du ciel sur l'eau et les sombres frondaisons de la forêt.

La trouée déboisée était plus importante. Des huttes de perches recouvertes de terre et d'herbe étaient disposées en demi-cercle sur la partie supérieure de la berge, avant son départ. En leur endroit, il n'y en avait maintenant plus que deux, massives, en forme de coude, avec deux entrées visibles. De la fumée montait de trous dans le toit voûté comme l'échine d'un gros animal endormi. Un autre foyer venait d'être allumé à l'orée des arbres dans l'autre hutte.

Les Anâanni allaient et venaient autour des huttes. Sur le terre-plein, un groupe de femmes, aidées par des enfants, dépeçaient un gibier. Des hommes s'activaient de l'autre côté, à l'abattage de quelques arbres. Bientôt, certains parurent à découvert, hâlant un tronc en partie ébranché. On entendait leurs ahans s'élever dans l'air frais, les piaillements des enfants venus encourager leurs efforts…

Celui de la rivière des eaux d'herbes vertes souriait en regardant la scène. Il revenait.

LES ANCÊTRES DES CHÈVRES, MOUTONS ET VACHES SONT DOMESTIQUÉS PAR L'HOMME.

Élevage et domestication des animaux

AVEC LA DOMESTICATION DES ANIMAUX, L'HOMME VA DÉVELOPPER SES TECHNIQUES AGRICOLES.

L'environnement du chasseur est généreusement occupé par certains types de gibier, vivant en grandes hardes, qui, eux non plus, comme l'homme des villages, ne quittent pas la région, ne se déplacent pas selon les saisons. Ce voisinage permanent va pousser le chasseur à contrôler et ordonner le rassemblement des bêtes, dans une proximité encore plus grande.

Ces « gibiers » approchés et capturés sans violence, plutôt que chassés et tués, rassemblés et nourris par les hommes, dans des enclos d'où ils ne chercheront pas à s'enfuir, vont se reproduire et vivre auprès de ceux qui les nourrissent et les protègent. Domestiqués, des chèvres, des moutons, des porcs, se capturent bien plus aisément qu'à l'état sauvage. La subsistance est enfermée à portée de main.

Ces animaux furent apprivoisés et domestiqués en premier. Les chiens sauvages, également, qui vont acquérir leur condition de semi-liberté, et leur complicité avec les chasseurs.

Le bœuf est asservi aux alentours de 10 500 ans, au Proche-Orient.

Non seulement la chair des animaux domestiqués est consommée, mais leur lait est bu, il y a 7500 ans.

Illustration rupestre qui met en scène l'exploitation animale. Déjà les bêtes sont rassemblées en troupeaux et surveillées par les hommes.

◀ Le polissage de la pierre est parfois utilisé pour réaliser des objets d'art. Ces statuettes ont été retrouvées en Roumanie.

Polissage de la pierre

CETTE TÊTE DE RONGEUR EN PIERRE POLIE A ÉTÉ RÉALISÉE AVEC BEAUCOUP DE FINESSE.

Le néolithique se caractérise par la production d'outils et d'armes, tels que des couteaux, des haches, des herminettes, des pointes de lances et de flèches dont la fabrication procède de la technique de la pierre polie. Ces outils sont réalisés à partir de roches dures telles que le silex, les balsates, dolérites. Ils sont travaillés et mis en forme par taillages successifs et précis, jusqu'à la réalisation d'une pièce biface, qui sera ensuite polie. Le polissage s'accomplit par frottement de la pièce sur un polissoir de grès ou de granite, des roches fortement abrasives à forte contenance de sable ou de quartz. L'abrasion d'une hache demandera plusieurs jours de travail. Parfois, seul le tranchant de l'outil est poli.

La surface lisse de l'outil ainsi traité ne permet pas à la matière de s'y accrocher. Le tranchant affiné est parfaitement régulier, sa pénétration accrue dans le matériau frappé.

Les outils polis se spécialisent progressivement et permettent un meilleur rendement, ils coupent et tranchent mieux, ne s'ébrèchent pas à la frappe. Les armes de chasse, pointes de lances, de javelots et de flèches, harpons, possèdent un pouvoir grandi de pénétration.

Cette époque continue de produire des pierres taillées, des objets en os, des microlithes pour pointes de flèches.

ARMES ET OUTILS EN PIERRE POLIE.

On peut encore voir beaucoup de dolmens et de menhirs ▶
comme ici à Gennes. Ces vieilles pierres de l'époque
néolithique n'ont pas bougé.

Menhirs et dolmens, les pierres dressées

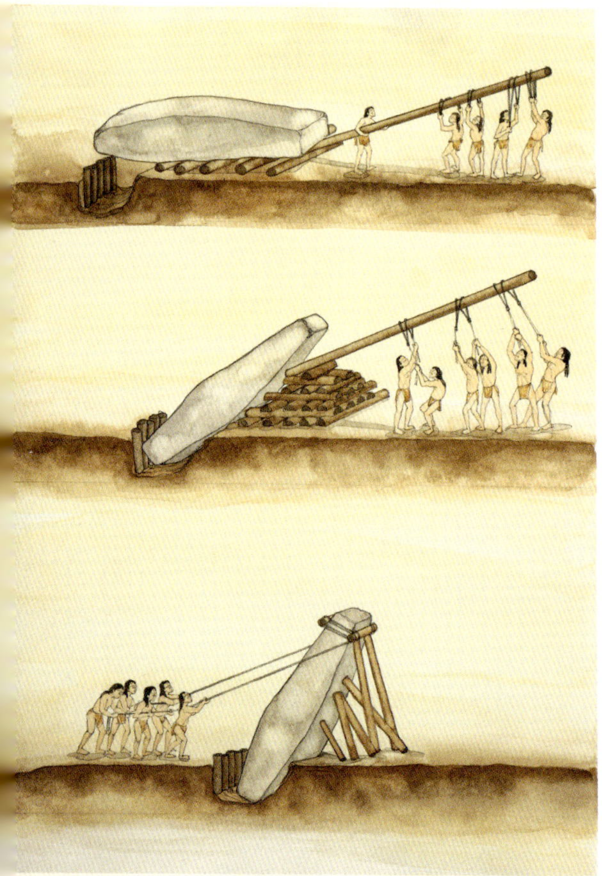

GRÂCE À DES TECHNIQUES PLUS PERFECTIONNÉES, LES HOMMES PEUVENT SOULEVER DES CHARGES DE PLUS EN PLUS LOURDES.

Ces temps de pierres polies sont ceux d'une civilisation mégalithique génératrice de monuments impressionnants. Les hommes élèvent de formidables blocs de pierre de plusieurs tonnes. Si la levée de ces mégalithes peut s'expliquer pour certains, le mystère et les conjectures accompagnent toujours nombre d'autres.

Pierres pouvant peser plusieurs centaines de tonnes, hautes de vingt mètres, les menhirs sont taillés et extraits de parois de roc. Ils sont tractés sur des distances parfois considérables, roulés sur des trains de rondins. Puis ils sont tirés au sommet de rampes inclinées de terre, du haut desquelles ils sont basculés et plantés debout dans les trous prévus pour les recevoir. Droits pointés vers le ciel.

Les dolmens sont eux des pierres levées recouvertes de terre ou d'autres plaques de pierre. Ils sont tombeaux, ou encore dressés pour d'autres raisons qui rejoignent le mystère des alignements de menhirs de Carnac, en rangs figés qui vont se perdre désormais sous la mer.

Des latitudes quasi arctiques, suivant les terres côtières du continent jusqu'à sa pointe sud hispanique, les monuments dressés, couchés, majestueux dans leur silence hors du temps, s'alignent.

Grâce aux arcs, les chasseurs peuvent tuer le gibier de loin. Sur cette peinture on les voit à l'abri de rochers, la chasse est moins dangereuse.

LES ARMES SE PERFECTIONNENT, LES PREMIÈRES FLÈCHES APPARAISSENT.

Nouvelles armes : arcs et flèches

Pendant des millénaires l'homme a chassé à la sagaie, dont il amplifiera, grâce au propulseur, la puissance de tir à longue distance. À la fin de la dernière glaciation, - 10 000 ans, l'arc et la flèche vont supplanter cette arme de jet. Une flèche pourra atteindre un gibier trois fois plus loin qu'une sagaie propulsée, avec beaucoup plus de force et surtout de précision.

Les chasseurs du froid du nord de l'Europe étaient des archers.

Le corps des arcs est taillé à la hache et au couteau de pierre dans des bois d'orme ou d'if, deux essences toujours employées en archèterie à ce jour. Tendus à l'aide de cordes végétales tressées ou de nerfs et tendons d'animaux, ils sont polis à la pierre, lustrés à l'herbe. Les flèches dont la solidité et la droiture importent principalement sont en cornouiller. Les pointes sont en bois de cerf, pierre, os, collées au brai de bouleau - résidu pâteux obtenu à partir de la distillation de la sève - et ligaturées. L'empennage qui permet un tir précis est pareillement collé. Certaines flèches à pointe ronde servaient à la chasse des oiseaux et des petits gibiers à fourrure.

Si les flèches pouvaient voler à près de deux cents mètres, un chasseur tirait généralement sa proie à une trentaine de pas.

AUX ANCIENNES ARMES VIENNENT S'AJOUTER ARCS ET FLÈCHES.

LES RÉCIPIENTS EN TERRE CUITE PERMETTENT DE CONSERVER LES ALIMENTS.

Au néolithique, la vaisselle est variée avec des récipients de plusieurs tailles et de plusieurs formes.

Apparition de la vaisselle

PEU À PEU LES HOMMES SE METTENT À MANGER DANS DES ASSIETTES, MAIS LES COUVERTS VIENDRONT PLUS TARD.

On pense que les effets groupés de la sédentarisation et de l'agriculture ont créé de nouvelles nécessités, notamment liées à la conservation des produits alimentaires. Il en a découlé la création de récipients qui pourront conserver et mettre à l'abri des animaux et des éléments les céréales récoltées... Par ailleurs, des débris de céramique découverts en Chine attestent l'existence de cette industrie, datée de 20 000 ans, 10 000 avant l'apparition de la culture du riz dans la province.

Des écuelles, bols et tasses, sont creusé dans le bois. Des écorces sont cousues pour former des boîtes à braises. Récipients également tressés (et ceci probablement depuis longtemps, à l'exemple des nids des oiseaux tisserins). On trouve des sacs et des pièges de fibres entrelacées dans les vases fossilisées aux emplacements de villages lacustres.

Des contenants sont exécutés en boudins d'argile cuits dans des trous creusés à même le sol. L'utilisation du four se fera plus tard, les premières poteries de céramique se généralisent vers – 6000 ans. L'alimentation change avec la cuisson des aliments, facilitée dans des réceptacles durs qui résistent au feu.

◀ 40 000 ans séparent l'homme de Neandertal (à gauche) du Cro-Magnon (à droite), l'évolution du corps, des armes et des vêtements est nettement visible.

Habillement et tissage

Les hommes préhistoriques « couverts de peaux de bêtes » le sont effectivement, dès que se fit sentir la nécessité de se protéger le corps des agressions courantes, chaudes et froides, épineuses aussi.

Un premier progrès de taille est réalisé avec la découverte du tannage végétal qui permet la souplesse, l'imperméabilisation et la conservation des peaux et fourrures. Autre invention d'importance : l'aiguille à chas, qui va permettre l'assemblage de pièces découpées pour l'exécution de vêtements proprement dits.

Les peaux ne sont pas le seul élément utilisé dans la confection de différentes pièces d'habillement. Les fibres végétales ou animales sont utilisées. Les poils ou la laine mouillés sont étalés en couches sur un treillis pour former la pâte qui sèchera et donnera le feutre. Certaines écorces également broyées et macérées donneront une texture identique.

La laine sera filée et tissée, et ce tissage s'effectuera également avec des fibres végétales. Des peignes et des outils de tisserands sont fabriqués. Le tissu est né. Il permettra la confection d'un habillement infiniment diversifié, selon les régions, les climats, du pagne aux capes, de la tunique aux bottes et chaussures fermées...

UN CORSAGE, UNE JUPE ET UNE CEINTURE AVEC UN DISQUE DE BRONZE. PAS SI DIFFÉRENT D'AUJOURD'HUI.

FOSSILE DU SQUELETTE D'UN ENFANT.

Hausse de la natalité, essor démographique

CETTE SCULPTURE NÉOLITHIQUE, REPRÉSENTE UNE MÈRE ET SON ENFANT.

La fixation des tribus et peuplades sur des territoires déterminés a pour conséquence de stimuler considérablement la natalité. La sédentarisation du Neolithique permet aux populations d'augmenter de façon importante. Pour témoignage de cette amplitude démographique, la fouille de centaines de nécropoles mésolithiques et néolithiques démontre que la proportion de squelettes d'enfants atteint 30 % du total des corps ensevelis, 600 ans après le début du néolithique. C'est 10 % de plus que dans le précédent mésolithique.

Cette proportion se vérifie partout dans le monde, après la sédentarisation des peuples.

Sédentarisation qui avance le sevrage des enfants en séparant les bébés de leur mère. La fertilité de la mère revient plus rapidement. Il en découle ordinairement une hausse de natalité, qui s'accompagne dans un premier temps d'une hausse parallèle de mortalité infantile. Une femme donne naissance à sept ou huit enfants, tandis que l'agriculture et l'élevage assurent la nourriture d'une population croissante.

Avec la sédentarisation des hommes, la vie de famille s'organise. Les enfants sont au centre de ces groupes, c'est grâce à eux que la tribu se perpétue.

◀ Peu à peu, les hommes s'adaptent à différents climats et conditions de vie, grâce à cela, ils peuvent s'installer partout sur la planète.

Des hommes à travers le monde

En quelque 2 millions d'années, les hommes occupent pratiquement tous les continents. La terre qu'ils ont foulée au pied a changé, les climats sous lesquels ils ont vécu aussi. Au fil du temps ils se sont adaptés, se sont construits, ils ont avancé, au dehors et en dedans d'eux-mêmes.

La source des hommes prend naissance dans le Rift africain, à l'est du continent. *Homo habilis* installé sur la rive de cette faille terrestre va s'en éloigner pour occuper graduellement la savane. À la suite de quoi, ses descendants *erectus* poursuivront le voyage vers l'Asie, il y a 2 millions d'années. Un million d'années plus tard, ils occuperont l'Europe.

L'homme moderne est en marche, évoluant vers *Sapiens*, présent il y a 100 000 ans au Moyen-Orient, en Asie.

Homo sapiens Cro-Magon apparaît en Europe voici 40 000 ans où il côtoie l'homme de Neandertal.

Il y a 50 000 ans, la terre reliait l'Australie au continent asiatique. Pareillement, le détroit de Béring entre l'Asie et l'Amérique, au Grand Nord, est couvert de glaces. Par ces ponts naturels que l'océan recouvrira plus tard, les hommes poursuivent leur migration outre-continent.

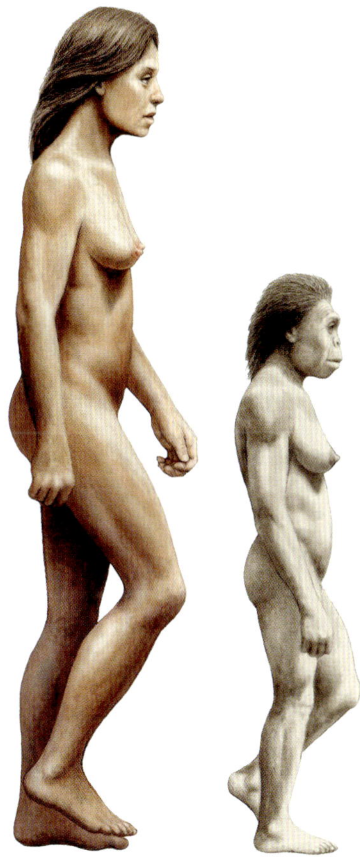

DE *HOMO FLORESIENSIS* À L'*HOMO SAPIENS SAPIENS*, LES HOMMES N'ONT CESSÉ LEUR CONQUÊTE DU GLOBE.

AUX LONGS JOURS DU MONDE

Ce n'était plus la rivière immense, ce n'était plus le fleuve : c'était de l'eau. De l'eau jusqu'au bord droit du ciel, vers où se hâtaient les cohortes de nuages. Ils voyaient le bout du ciel. Le monde était de l'eau.

Et sur la ligne plate du bout du ciel s'étira la lumière comme un trait découpé dans le monde. *O'hrtsh'usi*, qui est le nom du soleil, apparut. *O'hrtsh'usi* se cachait là-bas. Il inonda de sa clarté de feu le bord du ciel qui joignait le bord de l'eau, se glissa dans cette coupure et monta, grandit.

Eï-Litam se laissa tomber à terre, puis Ni'ata, puis Enhxa, et Iawaho. Et Aaknah aussi. Les mains levées devant leurs yeux, la bouche tremblante. Sintshu aux yeux brisés, la seule, était restée debout dans la lumière qui la frappait de plein fouet et dont elle ressentit la chaleur sur sa poitrine et son ventre. Pour elle, Aaknah essaya, de tout son être, avec des pauvres et malhabiles paroles, fragiles, pourtant vibrantes, cognant dans sa gorge serrée, il essaya, pour que des images viennent aux yeux cassés de Sintshu qui l'écoutait, pour que ce qu'il voyait ne coule pas comme des larmes, mais demeure.

◀ Cette tablette d'argile est un inventaire datant du IVe siècle avant J.-C. L'écriture a commencé sur des supports bien différents de notre papier habituel.

SYMBOLES GÉOMÉTRIQUES GRAVÉS SUR UN TAMPON.

Naissance de l'écriture : fin de la préhistoire (- 3000 ans)

Voilà 40 000 ans que l'homme, encore « préhistorique », s'est mis à peindre, graver, tracer des signes sur la pierre et dans l'argile. S'il ne s'agit pas d'écriture proprement dite, c'est pourtant déjà un phénomène « écrit ».

D'autres moyens de marquages d'échanges apparaissent, telles ces boulettes d'argile qui préfigurent une manière de monnaie, comme les signes gravés sur tablettes annoncent les mathématiques...

Il y a 6 000 ans des signes agencés font leur apparition sur des tablettes et des murs de deux contrées voisines. Hiéroglyphes et pictogrammes sont encore, les uns et les autres, formés de petits symboles figurés... Puis, des signes évolués seront tracés dans l'argile, représentant chacun un mot, une idée. Ces idéogrammes vont laisser place à leur tour à une symbolique écrite cunéiforme, constituée de signes en forme de traits terminés comme par des « clous», composée de quelques 600 signes non figuratifs, qui représenteront des sons. L'union de sons produira la représentation sonore d'un mot.

D'autres formes d'écritures vont naître et évoluer parallèlement, pratiquement dans toutes les parties du monde.

L'écriture inventée et maîtrisée permet à l'Homme de raconter et témoigner de son Histoire. Ensevelissant la pré-Histoire sous les strates des lettres.

L'ÉCRITURE CUNÉIFORME A ÉTÉ INVENTÉE EN MÉSOPOTAMIE AU IIIE MILLÉNAIRE AVANT J.-C.

Site de fouilles sur la plateau du Golan. Là-bas les archéologues cherchent les traces de vie préhistorique. Il existe des sites comme celui-ci partout à travers le monde.

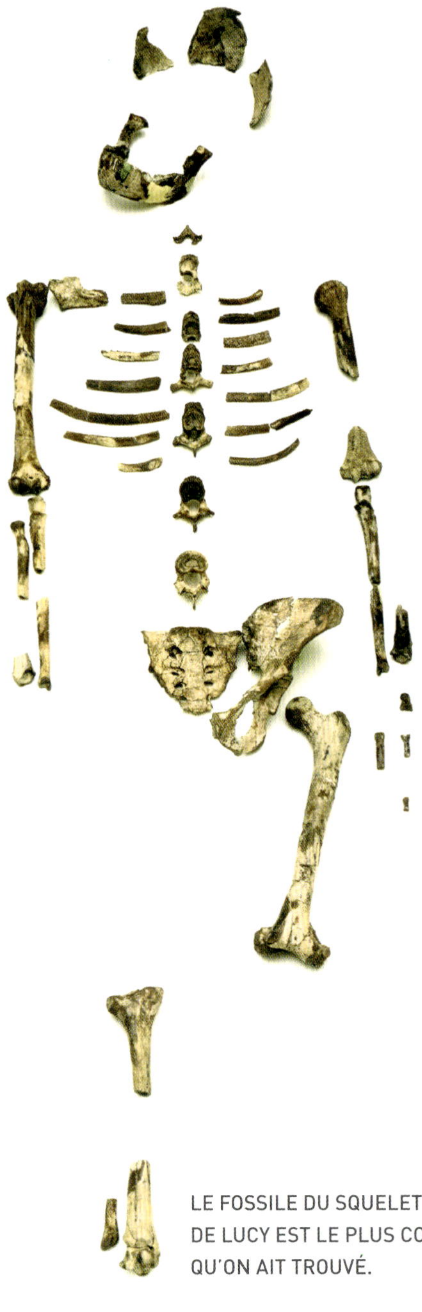

LE FOSSILE DU SQUELETTE DE LUCY EST LE PLUS COMPLET QU'ON AIT TROUVÉ.

Fouilles et fossiles, traces de la préhistoire

Fossile australopithèque : Afar (Éthiopie) (Lucy) 3 millions d'années.

Fossiles hominidés : Tournaï (Kenya) (Orrorin) 6 millions d'années.

Premiers galets taillés : gorges d'Olduvai (Tanzanie) 1,8 à 1,5 million d'années.

Bifaces, hachereaux : Saint-Acheul (France), Dmanissi (Géorgie).

Sites typiques : lac Turkana (Kenya), Olduvai (Tanzanie), Tabelbala-Tachenghit (Algérie), Nadaouiyeh (Syrie), Kamgul Ynxian (Chine), Saint-Acheul (France), Terra Amata (France), Tautavel (France), Atapuerca (Espagne).

Sépultures moustériennes de Cro-Magnon anciens de Palestine à Qafzeh et Skhul – 100 000 ans.

Grotte des Fées, Châtelperron (Allier, France), la Ferrassie, Saint-Césaire, Combe-Capelle, Arcy-sur-Cure.

Grotte d'Aurignac (Haute-Garonne).

Il y a 35 000 ans, grotte Chauvet et grotte de Pair-non-Pair, blocs ornés des abris des Eyzies. Parures, art mobilier.

Le solutréen : de - 22 000 à - 19 000 ans. Outils de couture : poinçons, perçoirs en os et bois de cervidés. Sculptures sur des rochers. Sites marquants témoins : Roche de Solutré, Laugerie-Haute, Roc de Sers, Fourneau-du-Diable, grotte de la Vache (Ardèche), grotte Cosquer.

Premières traces de village d'une vingtaine d'habitations en Israël, il y a 12 000 ans. Les habitants ne sont pas encore agriculteurs, mais chasseurs, pêcheurs, cueilleurs.

Traces de cueillette intensive de céréales il y a 20 000 ans. Débuts de l'agriculture volontaire estimés : - 10 500 (Syrie).

◄ La préhistoire est un thème souvent abordé au cinéma. *Un million d'années avant J.-C.* de Don Chaffey raconte les aventures de Tumak et Loana.

LA GUERRE DU FEU DE JEAN-JACQUES ANNAUD EST SORTI EN 1981.

La préhistoire au cinéma

Curieusement c'est sur un mode comique que le cinéma semble s'intéresser surtout à la préhistoire. Avec Buster Keaton et *Les Trois Âges* (1923), Charlie Chaplin et *Charlot nudiste*, Alain Chabat et *RRRrrr* (2004), *Tygra, la glace et le feu* (animation)...

Ou encore sur le mode hollywoodien avec *Le Clan de la caverne des ours*, de Michael Chapman, d'après le roman de Jean M. Auel (1986), le mode n'importe quoi avec *L'Homme des cavernes*, de Carl Gottlieb et avec Ringo Starr (1981), le mode hollywoodien ET n'importe quoi avec *Un million d'années avant J.C.* de Don Chaffey, avec Raquel Welch (1966)...

Il faut attendre 1981 pour voir le très beau film de Jean-Jacques Annaud, d'après le roman de Rosny aîné : *La Guerre du feu*, très évocateur, spectaculaire et sensible, même s'il prend quelques libertés avec la rigueur (pré)historique.

Et puis *Ao le dernier Neandertal*, de Jacques Malaterre (2010), qu'un scénario un rien convenu affaiblit sans lui retirer de son charme ;

L'Odyssée de l'espèce de Jacques Malaterre (TV) (2003) ;

« *Homo sapiens* » , de Jacques Malaterre (TV) (2005).

L'AFFICHE DU FILM *UN MILLION D'ANNÉES AVANT J.-C.*

CRÉDITS PHOTOGRAPHIQUES

Couverture : © Takashi Seida / 20th Century Fox / Album / akg-images

4ème de couverture : (haut) © Science Photo Library / akg-images ; (bas) © Science Photo Library / akg-images ; (droite) © Science Photo Library / akg-images
p 2-3 : © Science Photo Library / akg-images ; p 4 : © akg-images ; p 6-7 : © Roger Lichtenberg / akg-images ; p 9 : © Science Photo Library / akg-images ; p 10 (haut) : © Science Photo Library / akg-images ; (bas) : © Science Photo Library / akg-images ; p 11 : © Science Photo Library / akg-images ; p 12 : © Science Photo Library / akg-images ; p 14 (haut) : © Science Photo Library / akg-images ; (bas) : © Roland Warzecha / akg-images ; p 15 : © Science Photo Library / akg-images ; p 16 : © Science Photo Library / akg-images ; p 17 (haut) : © Natural History Museum London / Science Photo Library / akg-images ; (bas) : © Jose Antonio Peã'as / Science Photo Library / akg-images ; p 18 (haut) : © Album / Oronoz / akg-images ; (bas) : © Album / Prisma / akg-images ; p 19 : © akg-images ; p 20 : © Science Photo Library / akg-images ; p 21 (haut) : © Album / ASF / akg-images ; (bas) : © Science Photo Library / akg-images ; p 23 : © Takashi Seida / 20th Century Fox / Album / akg-images ; p 24 : © Album / Prisma / akg-images ; p 25 (haut) : © Science Photo Library / akg-images ; (bas) : © akg-images / De Agostini Picture Library / A. Dagli Orti ; p 27 : © Africa Media Online / akg-images ; p 28 : © Album / Prisma / akg-images ; p 29 (haut) : © Z. Radovan / Bible Land Pictures / akg-images ; (bas) : © Mauricio Anton / Science Photo Library / akg-images ; p 31 : © Roger Guillemot / Connaissances des Arts / akg-images ; p 32 : © Science Photo Library / akg-images ; p 33 (haut) : © North Wind Picture Archives / akg-images (x2) ; (bas) : © Werner Forman / akg-images ; p 35 : © De Agostini Picture Library / akg-images ; p 36 : © Mauricio Anton / Science Photo Library / akg-images ; p 37 : © akg-images ; p 38 (haut) : © akg-images ; (milieu) ; p 39 : © akg-images ; p 40 : © Werner Forman / akg-images ; p 41 (haut) : © akg-images ; (bas) : © Erich Lessing / akg-images ; p 42 : © Alfio Garozzo / akg-images ; p 43 : © De Agostini Picture Library / akg-images ; p 44 : © akg-images ; p 46 (haut) : © akg-images ; (bas) : © akg-images ; p 47 : © Erich Lessing / akg-images ; p 48 (gauche) : © Erich Lessing / akg-images ; (droite) : © akg-images ; p 49 (haut) : © Philippe Maillard / akg-images ; (bas) : © Erich Lessing / akg-images ; p 50 : © De Agostini Picture Library / akg-images ; p 51 : © Schütze / Rodemann / akg-images ; p 52 : © Prisma / Album / akg-images ; p 53 (haut) : © Science Photo Library / akg-images (x3) ; (bas) : © North Wind Picture Archives / akg-images ; p 54 (haut) : © Z. Radovan / Bible Land Pictures / akg-images ; (bas) : © Mauricio Anton / Science Photo Library / akg-images ; p 55 : © akg-images ; p 56 : © E. Daynes / Daynes Studio / Science Photo Library / akg-images ; p 57 (haut) : © De Agostini Picture Library / akg-images ; (bas) : © De Agostini Picture Library / akg-images ; p 58 (haut) : © Erich Lessing / akg-images ; (bas) : © Erich Lessing / akg-images ; p 59 : © Johann Brandstetter / akg-images ; p 60-61 : © Prisma / Album / akg-images ; p 61 : © Science Photo Library / akg-images ; p 63 : © Russian Picture Service / akg-images ; p 64 : © Erich Lessing / akg-images ; p 65 (haut) : © Erich Lessing / akg-images ; (bas) : © Erich Lessing / akg-images ; p 66 : © Science Photo Library / akg-images ; p 67 : © Duby Tal / Albatross / akg-images ; p 68 : © Pierre Luigi (Ronnie Pilgrim) / Hammer Films Production / Album / akg-images ; p 69 (haut) : © Takashi Seida / 20th Century Fox / Album / akg-images ; (bas) : © Hammer Films Production / Album / akg-images ; p 70-71 : © Erich Lessing / akg-images

ISBN : 978-2-7324-6919-5
Dépôt légal : mars 2015

Conforme à la loi n° 49-956 du 16 juillet 1949 sur les publications destinées à la jeunesse.

Achevé d'imprimer en mai 2016 - L76212

www.lamartinierejeunesse.fr
www.lamartinieregroupe.com